पैगंबर शीश
(अलैही सलाम)

सीमा सुहाना

क्रम-सूची

क्रम-सूची

प्रस्तावना

These books gives us knowledge about our beloved Prophets in story form . Books are available on all e-sites such as Amazon (India , USA , UK) , Flipkart (India) , Snapdeal (India) , Booktopia (UK,USA) , Barneandnoble(UK,USA) Shopee (India) ,wordery (USA) ,Wob (UK), Libro (USA) , Notionpress (India) , Mobythegreat (U.S) , Libroworld (U.S) , Powell's (City of Boos (U.S)) , Hugendubel.de (Germany) , Walmart (U.S) , Betterworldbooks (U.S) , Alibris (U.S) . contact me on instagram @Soulful_suhana to order in bulk and to get great discounts on it

(A.S)-Alaihi Salam

These books are available in English , Hindi , Roman Urdu

English :

Book 1 : Story of Prophet Adam (A.S)

Book 2: Prophet Sheesh (A.S)

Book 3: Prophet Idrees (A.S)

Book 4 :Strom of Prophet Nuh (A.S)

Book 5 : Journey from heaven to strom (Story of Prophet Adam (A.S) from heaven to Prophet Nuh (A.S) in floods and strom)

Roman Urdu

Book 1 : " Kahani Adam (A.S) Ki"

Book 2:"Hazrat Sheesh (A.S) "

Book 3: " Aknookh Yani Hazrat Idrees (A.S) "

Book 4 :"Toofan -e-Nuh "

(Story of Hazrat Nuh (A.S)"

Book 5 :"Arsh se Toofan Tak "

(Story of Hazrat Adam (A.S) in Jannah to Hazrat Nuh (A.S) In Floods And Strom)

Hindi

पुस्तक 1: पैगंबर आदम (अलैही सलाम) की कहानी

पुस्तक 2: पैगंबर शीश (अलैही सलाम)

पुस्तक 3: पैगंबर इदरीस (अलैही सलाम)

पुस्तक 4: पैगंबर नूह (अलैही सलाम) का तूफान

पुस्तक 5: जन्नत से तूफान तक

(पैगंबर आदम (अलैही सलाम) से पैगंबर नूह (अलैही सलाम) तक)

पावती (स्वीकृति)

(A.S) Refers to Alaihi Salam

ALHAMDULLIAH FOR EVERYTHING

I also do Arabic calligraphy

Dm me to placed your customised order

Do follow me on

youtube channel: soulful suhana

instagram id : soulful_suhana

1

पैगंबर आदम (अलैही सलाम) और हव्वा (अलैही सलाम) शोक में थे।

हबील की हत्या के बाद हव्वा (अलैही सलाम) और पैगंबर आदम (अलैही सलाम) बहुत दुखी हुआ करते थे, दोनों हमेशा दुखी रहते थे।हाबील को याद करके वे हर समय रोते थे।

पैगंबर आदम (अलैही सलाम) ने अल्लाह से प्रार्थना की: "हे अल्लाह, मुझे वह बच्चा दीजिये जो आप पर विश्वास करता हो और दुनिया में आपके धर्म को फैलाने में मेरी मदद करता हो , और मेरे बाद भी वह सुनिश्चित करेगा कि आपका संदेश दुनिया में आम है" .

2

हज़रत शीश (अलैही सलाम) का जन्म

हाबील की हत्या से पैगंबर आदम (अलैही सलाम) और हव्वा (अलैही सलाम) दोनों बहुत दुखी थे। वे हमेशा दुख में रहते थे और हमेशा अल्लाह से प्रार्थना करते थे

अल्लाह ने पैगंबर आदम (अलैही सलाम) और हव्वा (अलैही सलाम) की प्रार्थना को स्वीकार कर लिया और उन्हें एक अच्छे नेक बेटे का आशीर्वाद दिया।

पैगंबर आदम (अलैही सलाम) और हव्वा (अलैही सलाम) उनके जन्म से बहुत खुश थे।

हव्वा (अलैही सलाम) ने अपने प्यारे बेटे का नाम शीश रखा, जिसका अर्थ है "अल्लाह की ओर से एक सुंदर

उपहार" ।

पैगंबर शीश (अलैही सलाम) रूप और ज्ञान के मामले में अपने पिता की तुलना में बहुत अधिक सुंदर थे।

3

पैगंबर शीश (अलैही सलाम) की परवरिश

हव्वा (अलैही सलाम) और पैगंबर आदम (अलैही सलाम) पैगंबर शीश (अलैही सलाम) से बहुत प्यार करते थे।

पैगंबर आदम (अलैही सलाम) ने पैगंबर शीश (अलैही सलाम) को हर समय अपने साथ रखा।

उन्हें पता चल गया था कि यह बच्चा उनके बच्चों का, लोगों का उत्तराधिकारी होगा।

पैगंबर आदम (अलैही सलाम) और हव्वा (अलैही सलाम) ने परवरिश में ध्यान केंद्रित करते हुए उन्हें शुरू से ही शिक्षा में प्रशिक्षित किया।

पैगंबर आदम (अलैही सलाम) पैगंबर शीश (अलैही सलाम) को जन्नत की कहानियों का उल्लेख करते थे और उन्हें अच्छे और बोरे का अंतर दिखाते थे।

जैसे-जैसे पैगंबर शीश (अलैही सलाम) बड़े होते गए, उनकी छिपी शिक्षा और माता-पिता के प्रशिक्षण ने रंग लेना जारी रखा।

पैगंबर आदम (अलैही सलाम) पैगंबर शीश (अलैही सलाम) को दिन और रात के बारे में बताते थे और उन्हें उस समय की जाने वाली प्रार्थना के बारे में सिखाया करते थे।

पैगंबर आदम (अलैही सलाम) ने " नूह के तूफान " और बाद में होने वाली सभी चीज़ों के बारे में भी बताया।

पैगंबर आदम (अलैही सलाम) और हव्वा (अलैही सलाम) को पैगंबर शीश (अलैही सलाम) से उम्मीदें थीं क्योंकि उनका एक बेटा मारा गया था और दूसरा शैतान के मार्गदर्शन में चला गया था।

अब, अल्लाह के मज़हब इस्लाम के लिए, इस्लाम की लड़ाई के लिए, शैतान के साथ लड़ाई के लिए, पैगंबर आदम (अलैही सलाम) के बाद पैगंबर शीश (अलैही सलाम) एकमात्र उत्तराधिकारी और आशा थे

पैगंबर शीश (अलैही सलाम) ने पैगंबर आदम (अलैही सलाम) से अलग-अलग चीजें सीखीं, लेकिन उन्हें पैगंबर आदम (अलैही सलाम) का सारा ज्ञान नहीं मिला, क्युके पैगंबर आदम (अलैही सलाम) ने अल्लाह से सीखा था।

4

मूर्तियों की पूजा की असली कहानी

पैगंबर आदम (अलैही सलाम) और पैगंबर शीश (अलैही सलाम) के बीच कुछ अच्छे लोग थे और अन्य उनके अच्छे कामों के लिए उनकी प्रशंसा करते थे और उनका अनुसरण करते थे।

बुद्ध एक नेक व्यक्ति थे, और वे अपने लोगों के बहुत प्यारे व्यक्ति थे।

जब वह मर गए, तो उसके लोग ने उसकी कब्र से घिरे बैठते और आँसू पोछते जब शैतान ने उन्हें देखा, तो वह मानव रूप में एक आदमी के रूप में आया और कहा, "मैंने तुम्हें रोते हुए देखा, तो तुम क्या सोचते हो?, मैं तुम्हारे लिए बुद्ध की तस्वीर बना सकता हूं ?"

उसका यह चित्र आपकी सभा में रखना, और जब तुम अपनी सभा में उसको देखे, तब उनका स्मरण करना।

वे शैतान से सहमत थे इसलिए शैतान ने इस महान व्यक्ति की एक तस्वीर बनाई।

अनुयायियों (फोल्लोवर) ने कहा, "अगर हम उसकी तस्वीर रखते हैं, तो हमारी प्रार्थनाओं में और अधिक जुनून होगा।"

और वे अपनी सभा में बुद्ध की तस्वीर लगाकर पूजा-अर्चना करते थे

और जब वे मर गए और दूसरी पीढ़ी आई, तो शैतान ने उन्हें समझाया कि उनके पूर्वज चित्र की पूजा कर रहे थे।

जब शैतान ने सभा में बैठे लोगों को चित्र की पूजा करते हुए यह दृश्य देखा, तो उसने उनसे कहा, "क्या मैं तुम्हारे हर घर में एक बुद्ध की मूर्ति रखू।"

वे शैतान की बात मान गए और उनमें से प्रत्येक ने अपने घर में बुद्ध की मूर्ति रखी, इसलिए हर घर में बुद्ध का उल्लेख किया गया।

फिर उनके बच्चों को शैतान ने वही कहा और वैसा ही अभ्यास किया फिर आने वाली पीढ़ियां आईं, वे भूल गए कि बुद्ध एक नेक आदमी थे।

वे उसे अपने रब के रूप में पूजा करने के लिए लाए, और फिर वे अल्लाह को नकारते हुए इस रब की पूजा करने लगे। इस प्रकार सबसे पहले प्रार्थना की जाने वाले बुद्ध एक महान व्यक्ति थे जिन्हें बाद में भगवान बुद्ध कहा गया।

5

जन्नत के फल खाने की इच्छा

जब पैगंबर आदम (अलैही सलाम) की मृत्यु का समय आया, तो उन्होंने अपने बच्चों से कहा, "मैं दिल से जन्नत के फल खाने की इच्छा रखता हूं।"

जन्नत के फल सांसारिक फलों के समान ही हैं। सेब, संतरा, अनानास आदि ये सभी फल जन्नत में मौजूद हैं।

जन्नत के फल और दुनिया के फलों में यही अंतर है कि जन्नत का फल कभी सड़ता नहीं है इसलिए कभी खराब नहीं होता।

इसी प्रकार संसार के फल अधिक अस्थायी होते हैं और स्वर्ग का फल बना रहता है।

इसलिए, पैगंबर आदम (अलैही सलाम) जन्नत के फल खाना चाहते थे, और उनके बेटे फलों की तलाश में चले गए।

पैगंबर आदम (अलैही सलाम) ने अपने बेटों से कहा, "काबा जाओ और प्रार्थना करो कि अल्लाह फल खाने की मेरी इच्छा पूरी करे।"

पिता से आदेश प्राप्त करने के बाद, पैगंबर आदम (अलैही सलाम) के बेटों ने स्वर्ग के फलों की तलाश में अपने साथ टोकरी और कुल्हाड़ी ले ली।

उन्हें वहां फरिश्ते जिब्राएल (अलैही सलाम) और अन्य फरिश्ते मिले, उनके पास पैगंबर आदम (अलैही सलाम) का कफन, सुगंध आदि था।

फरिश्ते जिब्राएल (अलैही सलाम) और अन्य फरिश्ते ने पूछा, "पैगंबर आदम के बच्चे क्या ढूंढ रहे हैं?" उन्होंने उत्तर दिया और उल्लेख किया "हमारे पिता एक रोगी और बीमार हैं और जन्नत का फल खाने की उनकी इच्छा है।

फरिश्तों ने कहा, हमारे साथ आओ, हम अपने साथ जन्नत के फल लाए हैं। उनके सामने मानव रूप में फरिश्ते आए थे ।

• 13 •

फरिश्ते ने पैगंबर आदम (अलैही सलाम) के बेटों से कहा, "तुम्हारे पिता मौत के करीब हैं।" लगभग उसके पास फल खाने की क्षमता नहीं है

6

पैगंबर आदम (अलैही सलाम) ने पैगंबर शीश (अलैही सलाम) को उनके लिए प्रार्थना करने का आदेश दिया।

जब पैगंबर आदम (अलैही सलाम) बीमार पड़ गए, तो उन्होंने जन्नत के फलो खाने की इच्छा की, उन्होंने अपने सभी पुत्रों को स्वर्ग के फल प्राप्त करने के लिए कहा, कुछ बेटे जंगल की ओर फल की तलाश में निकल गए, कुछ बेटे काबा से प्रार्थना करने गए कि अल्लाह उन्हें जन्नत का फल दे ताकि उनके बाप की इच्छा पूरी हो सकके , लेकिन पैगंबर शीश (अलैही सलाम) पैगंबर

आदम (अलैही सलाम) की सेवा में बने रहे।

जब पैगंबर आदम के अन्य बेटे जो जन्नत का फल लेने गए और वे उसके लिए जन्नत का फल पाने में असफल रहे फिर पैगंबर आदम (अलैही सलाम) ने पैगंबर शीश (अलैही सलाम) से कहा, "आप अल्लाह के घर काबा में जाएं और अल्लाह से प्रार्थना करें, और अल्लाह आपकी प्रार्थना के आशीर्वाद से मुझे फल भेजेगा"।

पैगंबर शीश (अलैही सलाम) ने कहा: "आप मेरे पिता हैं, आप निश्चित रूप से मुझसे ज्यादा प्रिय हैं, आप अल्लाह से प्रार्थना किजिये, निश्चित रूप से अल्लाह फल भेजेंगे और आपकी प्रार्थना अल्लाह द्वारा स्वीकार की जाएगी।"

इस पर पैगंबर आदम (अलैही सलाम) ने कहा, "मैं जन्नत में पेड़ से फल खाने के लिए अल्लाह से शर्मिंदा हूं और आप साफ हैं"।

पैगंबर शीश (अलैही सलाम) वहां गए और प्रार्थना की, और उन्होंने देखा कि फरिश्ता जिब्राएल (अलैही सलाम) टोकरी लेकर आ रहे है, और इस टोकरी में जन्नत से फल और अन्य सूखे मेवे थे, और एक और महिला फरिश्ता हूर दिखाई दे रही थी।

7

पैगंबर शीश (अलैही सलाम) ने हूर से शादी की

जब फरिश्ता हूर फरिश्ते जिब्राएल (अलैही सलाम) के साथ आई तो पैगम्बर आदम (अलैही सलाम) ने फरिश्ते जिब्राएल (अलैही सलाम) से पूछा कि यह फरिश्ता हूर किसके लिए है।

फरिश्ते जिब्राएल (अलैही सलाम) ने फरमाया: "अल्लाह ने इस फरिश्ता हूर को जन्नत से पैगंबर शीश (अलैही सलाम) के पास भेजा है क्योंकि आपके सभी बच्चे अल्लाह द्वारा एक लड़की और एक लड़के के जोड़े में पैदा हुए थे, पैगंबर शीश (अलैही सलाम) को छोड़कर , इसलिए हूर को पैगंबर शीश (अलैही सलाम) के पास भेजा है

उसके बाद पैगंबर आदम (अलैही सलाम) ने इस हूर को स्वीकार किया और पैगंबर शीश (अलैही सलाम) के निक्काह में उसे दिया।

इस हूर की भाषा अरबी थी। पैगंबर शीश (अलैही सलाम) और हूर के बच्चे भी अरबी बोलते थे

अल्लाह के रसूल मोहम्मद (सल्लल्लाहु अलैहि व सल्लम) भी पैगंबर शीश (अलैही सलाम) की पीढ़ी से हैं

8

पैगंबर आदम (अलैही सलाम) की सलाह

पैगंबर आदम (अलैही सलाम) की मृत्यु के समय, उन्होंने अपने बेटे पैगंबर शीश (अलैही सलाम) को अपने पास बुलाया। और उन्होंने सलाह दी, "हे मेरे आज्ञाकारी बेटे, तुम मेरे उत्तराधिकारी हो।

अल्लाह का उल्लेख (ज़िक्र) करो और जब भी तुम अल्लाह का जिक्र करो, तो उनके साथ उनके प्यारे मुहम्मद का नाम भी लो, मैंने उनका नाम जन्नत में लिखा हुआ देखा, जब मैं आत्मा और किरकिरा के बीच में था

जब मैं ने सारे आकाश का चक्कर लगाया, तो वह सब प्रकार से वहीं था,

। मैंने यह शब्द देखा जिसमें प्यारे मोहम्मद का नाम
था

जब मेरे रब ने मुझे जन्नत में बिठाया, तो मैंने कोई
महल, कोई खाना, कोई खिड़की, कोई जगह नहीं देखी
जहाँ उसका नाम नहीं था, तो आप भी उनका जिक्र बार-
बार करते रहो

9

पैगंबर आदम की वसीयत (अलैही सलाम)

पैगंबर आदम (अलैही सलाम) ने अपनी मृत्यु के समय पैगंबर शीश (अलैही सलाम) को अपना खलीफा और उत्तराधिकारी बनाया और अपनी इच्छा से कहा कि जब नूह के समय में नूह का तूफान आता है और यदि आप उस समय हैं तो आप मेरी हड्डियों को जहाज में रखो।

जो नाश होने से बचाया जाएगा या आपके बच्चों को आपकी वसीयत में ऐसा करने के लिए कहो

पैगंबर आदम (अलैही सलाम) ने एक किताब में इच्छा लिखी थी जिसमें अल्लाह का संदेश था।

पैगंबर आदम (अलैही सलाम) ने किताब को काबील और उसके बच्चों से बचाने के लिए कहा क्योंकि वे किताब को नुकसान पहुंचा सकते थे और वे किताब को बदल सकते थे।

पैगंबर आदम (अलैही सलाम) ने अपने बेटे पैगंबर शीश (अलैही सलाम) को अपनी वसीयत में पांच (5) चीजों की सलाह दी और उन्होंने कहा, "आपको यह सलाह अपने बच्चों को भी देनी चाहिए, और यह मेरी इच्छा और आशीर्वाद है।"

• दुनिया और उसके जीवन पर भरोसा मत करो अल्लाह को मेरा जन्नत से संतुष्ट होना पसंद नहीं आया और आखिरकार मुझे छोड़ना पड़ा।

• और महिलाओं की इच्छा का आँख बंद करके पालन न करें। मैंने महिला की इच्छा का पालन किया और पेड़ से फल खाया और बाद में पछताया

• पहले आप जो करना चाहते हैं उसके अंत के बारे में सोचें, अगर मैं अंत के बारे में सोचता, तो जीवन आसान होता, जीवन के बाधाओं के साथ नहीं

• जब आपका दिल संतुष्ट न हो तो वो काम मत करना क्योंकि मेरा दिल संतुष्ट नहीं था और फल खाने के समय कांप रहा था।

• अपने काम में सलाह लें क्योंकि अगर मैंने सलाह ली होती, तो मैं मुश्किल स्थिति में नहीं होता।

10

पैगंबर आदम (अलैही सलाम) की मृत्यु

पैगंबर आदम (अलैही सलाम) ने अपनी मृत्यु के समय पैगंबर शीश (अलैही सलाम) को अपना खलीफा और उत्तराधिकारी बनाया।

पैगंबर आदम (अलैही सलाम) पहले इंसान और पहले पैगंबर भी थे, जो इस दुनिया से मरने वाले पहले नबी थे, लगभग हज़ार साल जीवित रहने के बाद।

अपनी मृत्यु से पहले, पैगंबर आदम (अलैही सलाम) ने अपने बच्चों को आश्वस्त किया कि अल्लाह मनुष्य को पृथ्वी पर अकेला नहीं छोड़ेगा बल्कि उनका मार्गदर्शन करने के लिए अपने नबियों को भेजेगा।

नबियों के अलग-अलग नाम, लक्षण और चमत्कार होंगे, लेकिन वे एक बात में एकजुट होंगे, यानी अकेले अल्लाह की इबादत करने का आह्वान। यह पैगंबर आदम का अपने बच्चों से अनुरोध था।

पैगंबर आदम (अलैही सलाम) ने बोलना समाप्त किया। तब फ़रिश्तो ने उनके कमरे में प्रवेश किया और उनके घेर लिया। जब पैगंबर आदम (अलैही सलाम) ने उनके बीच मौत के फरिस्ते को पहचान लिया, तो उनका दिल शांति से मुस्कुराया।

जब फ़रिश्ते पैगंबर आदम (अलैही सलाम) की आत्मा को जन्नत में ले जाने के लिए आए। तो हव्वा (अलैही सलाम) ने उन्हें पहचान लिया।

वह पैगंबर आदम (अलैही सलाम) के पास गई, जोर से रोई, और उन्हें कसकर पकड़ लिया।

पैगंबर आदम (अलैही सलाम) ने कहा, "मुझसे अलग हो जाओ। मुझे पहले तुम्हारी वजह से पीड़ा हुवी थी, मुझ से और अल्लाह के फ़रिश्तोह से दूर हो जाओ, फिर फ़रिश्तोह ने पैगंबर आदम (अलैही सलाम) की आत्मा को ले लिया, उन्हें ग़ुस्ल दिया, कफन पहनाया, उन्हें ईतर लगाया खुशबू दी, कब्र खोदी

फ़रिश्तोह ने पैगंबर आदम (अलैही सलाम) की नमाज ऐ जनाजा पडाई, फिर वे पैगंबर आदम (अलैही सलाम) के शरीर को कब्र में ले आए। उनके ऊपर एक मिट्टी डाली

पैगंबर शीश (अलैही सलाम) ने पैगंबर आदम (अलैही सलाम) को दफनाने के लिए फ़रिश्ते जिब्राएल (अलैही सलाम) के शब्दों और तरीकों का पालन किया।

और फिर फ़रिश्तोह ने कहा, "हे पैगंबर आदम के बेटों, यह आपके लिए ऐसा करने का तरीका है।" तब लोगों को दफनाने का तरीका नहीं पता था ।

वे नहीं जानते थे कि काबील ने अपने भाई को कैसे दफनाया, इसलिए फ़रिश्तोह को यह बताने के लिए भेजा गया

इस तरह फ़रिश्तो से दफ़न का तरीका मालूम हुवा

पैगंबर आदम (अलैही सलाम) ने 960 के जीवन में पेड़ के फल खाने के सिवा कोई गुनाह नहीं किया था।

अलग-अलग आख्यानों के अनुसार, जिस दिन पैगंबर आदम (अलैही सलाम) की मृत्यु हुई, वह दिन शुक्रवार

का था।

पैगंबर आदम (अलैही सलाम) की मृत्यु के एक साल बाद, हव्वा (अलैही सलाम) की भी मृत्यु हो गई और उन्हें उनके पास दफनाया गया।

11

दुनिया में इंसान

दुनिया में सभी इंसान पैगंबर आदम (अलैही सलाम) की संतान हैं

हाबील को उनके भाई काबील ने 20 साल की उम्र में शहीद कर दिया था। चूंकि हाबील अविवाहित था जब वह शहीद हो गया था, उसके कोई संतान नहीं थी, और दूसरा बेटा काबील जो अल्लाह की अवज्ञाकारी और शैतान का अनुयायी था।

बाद में अल्लाह के सभी अवज्ञाकारी पैगंबर नूह (अलैही सलाम) के तूफान में मारे गए।

12

पैगंबर शीश (अलैही सलाम) का व्यक्तित्व

पैगंबर शीश (अलैही सलाम) , पैगंबर आदम (अलैही सलाम) के जैसे थे। पैगंबर शीश (अलैही सलाम) के 4 बेटे थे जिनमें सबसे बड़ा अनूश था, वह पैगंबर शीश (अलैही सलाम) का उत्तराधिकारी बना। पैगंबर शीश (अलैही सलाम) नबुवती कर्तव्यों पर थे। पैगंबर आदम (अलैही सलाम) की मृत्यु के बाद पैगंबर शीश (अलैही सलाम) ने मनुष्यों का मार्गदर्शन किया।

पैगंबर शीश (अलैही सलाम) की विशेषताओं में से एक यह है कि आदमी, उनकी पीढ़ी का है क्योंकि हाबील की हत्या कर दी गई थी और उसके कोई बच्चे नहीं थे

काबील के वंशज (बच्चे) बाद में पैगंबर नूह (अलैही सलाम) के तूफान में मारे गए क्योंकि वे अल्लाह की अवज्ञा करते थे और व्यभिचार, नशे और नास्तिकता जैसे पापों में शामिल थे।

पैगंबर आदम (अलैही सलाम) को डर था कि पैगंबर शीश (अलैही सलाम) को काबील के जैसे शहीद कर दिया जाएगा, इसलिए पैगंबर आदम (अलैही सलाम) ने पैगंबर शीश (अलैही सलाम) को काबील और उनके बच्चों से अपने ज्ञान को गुप्त रखने का आदेश दिया।

पैगंबर शीश (अलैही सलाम) ने लोगों को अच्छे काम करने के लिए आमंत्रित किया। उत्तराधिकारी बनने के बाद पैगंबर शीश (अलैही सलाम) को भी , काबील ने धमकी दी थी।

13

पैगंबर शीश (अलैही सलाम) नबूवत पर

अल्लाह ने पैगंबर शीश (अलैही सलाम) को नबूवत का आशीर्वाद दिया और उन्हें कई बच्चों का आशीर्वाद दिया

पैगंबर शीश (अलैही सलाम) के जीवन को मनुष्यों के बीच अल्लाह के विश्वास को फैलाने के लिए मक्का में घोषित किया गया था। अपनी नबूवत के दौरान, उनका फ़रिश्ते जिब्राएल (अलैही सलाम) और अन्य फ़रिश्ते के साथ संबंध थे

कुरान में, 25 पैगंबरों का उल्लेख है जिसमें पैगंबर शीश (अलैही सलाम) का नाम हदीस में शामिल है पैगंबर शीश (अलैही सलाम) पैगंबर के होने का उल्लेख है।

पैगंबर शीश (अलैही सलाम) के बच्चे बहुत आज्ञाकारी थे और अपने पिता के साथ धार्मिक गतिविधियों में लगे हुए थे

पैगंबर शीश (अलैही सलाम) ने अपना पूरा जीवन अपने पिता की शिक्षाओं के अनुसार बिताया। उम्र कम होने के कारण पैगम्बर शीश (अलैही सलाम) के बच्चों ने उनकी सारी जिम्मेदारी उठा ली।

14

सहीफे

अल्लाह ने अपने नबियों पर 100 सहीफे और चार (4) किताबें भेजीं 100 सहीफे में से, 50 सहीफे पैगंबर शीश (अलैही सलाम) पर भेजे गए थे।

15

काबील के बच्चों के लिए पैगंबर शीश (अलैही सलाम) की चिंता

अल्लाह ने पैगंबर शीश (अलैही सलाम) को पैगंबर के महान दृश्य बनाया और उन्हें बच्चों का आशीर्वाद दिया।

पैगंबर शीश (अलैही सलाम) के बच्चे बहुत आज्ञाकारी थे और अपने पिता के साथ धार्मिक गतिविधियों में लगे हुए थे

पैगंबर शीश (अलैही सलाम) ने अपना पूरा जीवन अपने पिता की शिक्षाओं के अनुसार बिताया। उम्र कम

होने के कारण पैगम्बर शीश (अलैही सलाम) के बच्चों ने उनकी सारी जिम्मेदारी उठा ली।

पैगंबर शीश (अलैही सलाम) अपने भाई काबील के बच्चों को शैतान के कटपुतला होने के बारे में चिंतित थे, शैतान द्वारा सभी प्रकार के पापों में शामिल कार्य करने से प्रभावित थे।

काबील के बच्चे मूर्तियों की पूजा करने लगे। उन्होंने अपने पिता और अन्य लोगों की मूर्तियां बनाईं

16

यहूदी और ईसाई

मुसलमानों की तरह, यहूदी और ईसाई भी मानते हैं कि पैगंबर शीश (अलैही सलाम) , पैगंबर आदम (अलैही सलाम) और हववा (अलैही सलाम) के पुत्र हैं। वे पैगंबर शीश (अलैही सलाम) की नबूवत में विश्वास करते हैं

17

दो अलग-अलग पीढ़ियां बसी हुई हैं

लोग दो गुटों में बंट गए। पैगंबर शीश (अलैही सलाम) के साथ अच्छे लोग और काबील के साथ बुरे लोग। पैगंबर शीश (अलैही सलाम) भूमि पर बसे काबिल को पहाड़ों में बसाया गया था

उस समय, दो अलग-अलग पीढ़ियाँ बसी हुई थीं, यानी एक पहाड़ पर और दूसरी ज़मीन पर।

पहाड़ों में पुरुष सुंदर और आकर्षक थे जबकि उनकी महिलाएं भूरे रंग की थीं।

यह भूमि पर विपरीत था अर्थात, महिलाएं सुंदर थीं और पुरुष रंग में सांवले थे

18

पैगंबर आदम (अलैही सलाम) के बेटे काबील के बच्चे

काबील की सजा के लिए कुछ समय की ढीला थी, ताकि वह पछताए और रास्ते पर आ जाये ।

वह दूर गया और बस गया।

खनूक का जन्म काबील से हुआ था

फिर

इंदर का जन्म खनूक से हुआ था

फिर

महावील का जन्म इंदर से हुआ था

फिर

मतुशील का जन्म महावील से हुआ था

फिर

लामिक का जन्म मतुशील से हुआ था

फिर

अमाल नाम का एक लड़का लामिक के घर पैदा हुआ था,
जो अच्छा धन इकट्ठा करने वाला पहला व्यक्ति था।

फिर

तबला और सारंगी यजत करने वाले पहले व्यक्ति शतुबाल का जन्म अमाल के यहाँ हुआ था।

फिर

तोह-बेल-तिन का जन्म शतुबाल के घर में हुआ था। तोह-बेल-तिन ने तांबी और लोहे पर काम किया

फिर

नौमी नाम की लड़की का जन्म तोह-बेल-तिन से हुआ था

इसी तरह, पैगंबर आदम (अलैही सलाम) के अवज्ञाकारी बच्चे जारी रहे।

19

काबील के वंशजों (बच्चों) द्वारा शरारत, अराजकता, विद्रोह, झगड़ा फैलाना

काबील के वंशज (बच्चे) जो पहाड़ पर बसे हुए थे, आपस में अराजकता, बगावत, झगड़ा फैलाने लगे।

उनके समाज में हत्या, अराजकता, विद्रोह जैसे पाप आम थे। जैसे-जैसे समय बीतता गया उन्होंने पैगंबर शीश (अलैही सलाम) के समाज में उन पापी कृत्यों को फैलाना शुरू कर दिया।

20

शैतान ने अपना काम शुरू किया

अब शैतान ने अपना काम शुरू किया। इंसानों के समाज में शैतान आया इंसानी रूप में , वह एक व्यक्ति का सेवक बन गया और उसकी सेवा करने के लिए वहीं रहा।

शैतान ने बांसुरी का आविष्कार किया और बजाना शुरू किया जिसमें बहुत मधुर ध्वनि थी जिसे लोगों ने पहले कभी नहीं सुना था।

लोग उससे सुनने में व्यस्त हो जाते थे और उसके चारों ओर केवल बांसुरी की मधुर ध्वनि सुनने के लिए बैठ जाते थे

कुछ ही देर में यह खबर घर-घर में फैल गई और लोग सिर्फ मधुर आवाज सुनने के लिए आने लगे।

फिर उन्होंने एक दिन अलग रखा जिसमें सभी लोग एकजुट होंगे और शैतान द्वारा आविष्कार की गई दुष्ट युक्ति के साथ अपने दिल को संजोएंगे।

वह दिन उत्सव का दिन बन गया और हजारों स्त्री-पुरुष केवल मनोरंजन के लिए एकत्रित होने लगे। शैतान सबका मनोरंजन करता था, स्त्रियाँ सुन्दर वस्त्र पहनती थी और गैर महरम पुरुषों से बातचीत करती थी

संयोग से एक दिन पहाड़ पर रहने वाला एक व्यक्ति भी वहां आया। जब उसने सुंदर महिलाओं को देखा, तो वह वापस चला गया और पहाड़ पर पुरुषों के लिए महिलाओं की सुंदरता का उल्लेख किया

अब पहाड़ के लोग अक्सर भूमि का दौरा करते थे और उत्सव में भाग लेते थे

इस तरह धीरे-धीरे पहाड़ और जमीन के पुरुष और महिलाएं आपस में मिलने लगे। व्यभिचार आम था और पैगंबर शीश (अलैही सलाम) की नजर में यह हराम था।

भूमि और पहाड़ के मनुष्यों ने अपने बच्चों के विवाह का आदान-प्रदान किया, जो अच्छे मनुष्यों की संख्या में परिलक्षित होता था, वे अल्लाह और पैगंबर शीश (अलैही सलाम) की अवज्ञा करते थे।

बाद में इन अवज्ञाकारी लोगों को पैगंबर नूह (अलैही सलाम) के तूफ़ान में नष्ट कर दिया गया। इन अवज्ञाकारी लोगों ने अपने कार्यों के कारण जमीन पर दंगा किया। पैगंबर शीश (अलैही सलाम) ने अपने समुदाय के लोगों को सही रास्ते पर चलने और अल्लाह से डरने के लिए समझाया। केवल कुछ लोग पैगंबर शीश (अलैही सलाम) के समुदाय में बने रहे।

समय बीतता गया और पैगंबर आदम (अलैही सलाम) के वंशज (बच्चे) फलते-फूलते रहे। नई बस्तियाँ और जीवन के ऐतिहासिक परिवर्तन हुए। चीजें बढ़ने लगीं। पैगंबर शीश (अलैही सलाम) ने अपनी नबूवत के कार्यों को जारी रखा। लोगों को काबील के बच्चों के पास , उसकी संतान के पास जाने से रोकता थे जो पाप कर्मों में लिप्त होते थे ।

21

जीवन के अंतिम दिन

बाद के जीवन में पैगंबर शीश (अलैही सलाम) कमजोर हो गए, लेकिन पैगंबर शीश (अलैही सलाम) के आज्ञाकारी बच्चों ने पैगंबर शीश (अलैही सलाम) का काम जारी रखा। पैगंबर शीश (अलैही सलाम) इस दुनिया में 912 थे। पैगंबर शीश (अलैही सलाम) ने अपना पूरा जीवन अपने पिता की शिक्षाओं में बिताया।

22

पैगंबर शीश (अलैही सलाम) की सलाह

पैगंबर शीश (अलैही सलाम) ने अक्सर कहा कि मुसलमान वह है जिसके पास निम्नलिखित गुण हैं:

1. अल्लाह को जानना

2. अच्छे और बुरे को जानना

3. समय की आज्ञा मानो जो स्वयं, राजा है

4. माता-पिता के अधिकार और उनकी सेवा

5. लोगों के लिए अच्छे कर्म और मानवता करना।

6. किसी का गुस्सा न बढ़ाएं

7. आवश्यक व्यक्ति की मदद करना और दान करना

8. पापों से बचना, धैर्य रखना और दुखों और कष्टों में आभारी रहना

9. जरूरतमंदों के साथ सही व्यवहार करें

10. जब आप पीड़ित हों तो धैर्य रखें

11. अल्लाह की रहमत पर शुक्रगुजार रहें

23

मृत्यु

कुछ विद्वानों के अनुसार, पैगंबर शीश (अलैही सलाम) का मक्का में निधन हो गया।

पैगंबर शीश (अलैही सलाम) का 912 वर्ष की आयु में निधन हो गया। जब पैगंबर शीश (अलैही सलाम) की मृत्यु का समय आया, तो उन्होंने अपने बेटे अनूश को सभी मामलों से अवगत कराया।

अनूश के बाद कीनन उत्तराधिकारी बने

किनान के बाद महलाई उत्तराधिकारी बने

महलाई के बाद यारीद उत्तराधिकारी बने

यारीद के बाद खानूक उत्तराधिकारी बने

खानूक के बाद अकनूख उत्तराधिकारी बने। अकनूख कोई और नहीं बल्कि पैगंबर इदरीस (अलैही सलाम) हैं।

पैगंबर शीश (अलैही सलाम) के बाद, पैगंबर इदरीस (अलैही सलाम) को नबूवत दी गई थी

अनूश

↓

किनान

↓

महलाई

↓

यारीद

↓

खानूक

↓

पैगंबर इदरीस (अलैही सलाम)

24

पैगंबर शीश (अलैही सलाम) का मकबरा

पैगंबर शीश (अलैही सलाम) को उनके पिता के पास दफनाया गया था।

विद्वानों का कहना है कि पैगंबर नूह (अलैही सलाम) की बाढ़ के समय, पैगंबर नूह (अलैही सलाम) ने पैगंबर शीश (अलैही सलाम) और पैगंबर आदम (अलैही सलाम) के धन्य शरीर को निकालकर जहाज के अंदर रखा था।

बाढ़ समाप्त होने के बाद उनके पार्थिव शरीर को बैतुल मामूर (काबा) के पास दफनाया गया

25

पैगंबर शीश (अलैही सलाम) के बच्चे

अनुश का जन्म पैगंबर शीश (अलैही सलाम) से हुआ था

पैगंबर शीश (अलैही सलाम) 112 वर्ष के थे जब अनुश का जन्म हुआ था और पैगंबर शीश (अलैही सलाम) 800 वर्ष जीवित थे और अनुश से और लड़के, लड़कियां पैदा हुए।

किनान का जन्म अनुष से हुआ था उस समय अनुष 90 वर्ष के थे और उसके बाद अनुष 815 वर्ष तक जीवित रहे। कानन से और लड़के, लड़कियां पैदा हुए।

जब किनान 70 वर्ष के थे, तब उसके घर महलाएल का जन्म हुआ और उसके बाद कानन 40 वर्ष तक जीवित थे। फिर और लड़के, लड़कियां पैदा हुए।

जब महलाएल 65 वर्ष के थे, तब उनके घर यारीद का जन्म हुआ, और उसके बाद महलाएल 830 वर्ष जीवित थे। फिर और लड़के, लड़कियां पैदा हुए।

जब यारीद 162 वर्ष के थे, तब खानूक का जन्म हुआ, जिसके बाद यारीद 800 वर्षों तक जीवित रहे। फिर और लड़के, लड़कियां पैदा हुए।

खानूक जब 65 वर्ष के थे, तब उनके घर मत्तोशालक का जन्म हुआ, जिसके बाद खानूक 800 वर्ष तक जीवित रहे। फिर और लड़के, लड़कियां पैदा हुए।

जब मत्तोशालक 187 वर्ष के थे, तब उनके घर में लैमिक का जन्म हुआ, जिसके बाद मत्तोशालक 782 वर्ष तक जीवित रहे। फिर और लड़के, लड़कियां पैदा हुए।

जब लैमिक 182 वर्ष के थे, तब पैगंबर नूह (अलैही सलाम) उनके घर पैदा हुए थे। वह लगभग 1,000 वर्षों तक जीवित रहे। फिर और लड़के, लड़कियां पैदा हुए।

जब पैगंबर नूह (अलैही सलाम) 500 वर्ष के थे, तब उनके घर साम,

हाम, याफ़िज़ का जन्म हुआ था। फिर और लड़के, लड़कियां पैदा हुए।

26

नबी शीश (अलैहि सलाम) से यारीद तक हुई घटनाएँ

महलाई ने न्याय की स्थापना की और उसका शासन 40 वर्ष तक चला।

उनके शासन के दौरान विभिन्न जनजातियाँ अपनी सीमाओं के साथ अस्तित्व में आईं। उसने अपने लिए एक भव्य मुकुट भी बनवाया। उन्होंने ताज पहनने का आनंद लिया और अपने राज्य पर शासन किया।

• आजमी लोग समझते थे ये लोग 60 कबीलों के राजा हैं

- उन्होंने इबलीस की सेना को हराया और उनके साथ इतना सख्त थे कि वे पहाड़ों की घाटी में भाग गए।

- अवज्ञाकारी और विद्रोही जिन्नों को मार डाला

- महलाई पहले व्यक्ति हैं जिन्होंने जंगल काटे, शहर बसाये , महल बनाए, नींव रखी और मस्जिद का निर्माण किया।

- शहर साओस को फेलाया

- बाबुल शहर का निर्माण और विस्तार किया गया

- सबसे पहले लोहे को निकाला और लोहे का काम शुरू किया और उससे कई हथियार बनाए गए

- बांध बनाए और पानी इकट्ठा किया ताकि लोग खेती और कृषि में रुचि रखने लगे।

- खतरनाक जानवरों को मार डाला और उनकी खाल से कपड़े और चटाई बनाई

महलाई के बाद, उनके बेटे यारीद उत्तराधिकारी बने अपने पिता के नक्शेकदम पर चले।

यारीद के बाद अकनूख, यारीद के उत्तराधिकारी बने। अकनूख कोई और नहीं बल्कि पैगंबर इदरीस (अलैही सलाम) हैं।

पैगंबर आदम (अलैही सलाम) के बाद, पैगंबर इदरीस (अलैही सलाम) को अल्लाह ने पैगंबर घोषित किया था।

27

पैगंबर इदरीस (अलैही सलाम)

अकनूख कोई और नहीं बल्कि पैगंबर इदरीस (अलैही सलाम) हैं। पैगंबर आदम (अलैही सलाम) के बाद, पैगंबर इदरीस (अलैही सलाम) को अल्लाह ने पैगंबर घोषित किया था।